LA MONARCHIE

AVANT ET APRÈS LA LETTRE DU 27 OCTOBRE

LA
MONARCHIE

AVANT ET APRÈS LA LETTRE

DU 27 OCTOBRE

PAR

A. DE LA B.

PARIS

J. FÉCHOZ, LIBRAIRE-ÉDITEUR

5, Rue des Saints-Pères, 5

—

1874

Le 29 octobre, je regagnais de Paris la campagne plein de foi dans la résurrection prochaine de la France, lorsque la discussion suivante s'engagea entre deux personnes qui étaient montées dans le même wagon que moi, et que la lecture des journaux animait singulièrement. Ayant noté avec soin leurs pensées dans mon esprit je les transcrivis, en arrivant chez moi, avec une exactitude scrupuleuse. J'adoptai les chiffres romains I et II pour indiquer les demande et réponse des deux interlocuteurs.

I. — Nous étions presque en monarchie hier, monsieur; nous voici retombés en république. Les obstacles qu'on espérait vaincre pour l'accroissement de la majorité ont doublé ou plutôt cette majorité disparaît avec son programme. Ses divers organes, en effet, nous entretenaient, depuis plusieurs jours, d'un manifeste devant dissiper tous les doutes, vaincre les dernières hésitations, fixer la pensée essentiellement libérale et moderne du prince. Le manifeste ne manque pas de paraître, mais avec ce léger contretemps qu'il est tout le contraire de ce qu'on attendait, qu'au lieu d'accorder de nouvelles concessions, il revient sur celles regardées déjà comme définitives, et que, loin d'abaisser l'obstacle, il l'élève. Aussi ne craindrai-je pas d'ajouter : tout eût été préférable à cette malheureuse lettre : le silence, le renvoi aux déclarations antérieures, une réponse sous forme dubitative, que sais-je? Peut-être avec ces moyens eût-il été possible d'emporter la situation, mais aujourd'hui elle change singulièrement à la Chambre; je crains même qu'elle n'y soit perdue sans retour.

II. — Je souhaite que vous vous trompiez, et que ni la majorité du parlement ne se dissolve, ni l'accroissement des difficultés ne s'oppose à la réalisation prochaine de nos vœux. Mais lors même que cette série d'événements se produirait, tout serait-il expliqué? Serait-il prouvé que le changement de la Chambre a été logique, que les difficultés ont tellement grandi qu'elles sont devenues insurmontables? J'admets, qu'avant d'en venir au découragement que vous redoutez, nos législateurs fassent tout ce qu'ils croiront pouvoir faire, que mettant de côté les visées ambitieuses et répulsions personnelles prêtées à certains d'entre eux, ils n'arrêtent leur bon vouloir que là où ils croient impossible de s'avancer sans péril. Mais le Prince, de son côté, pouvait-il, devait-il agir autrement? On a parlé de surprise. Comment aurait-elle été possible après les termes formels dont il s'était servi au sujet de son drapeau? Et quant aux concessions, je crois qu'il ne les avait pas marchandées dans ses lettres, le plus magnifique programme de toutes nos libertés et de tous nos droits : liberté de la presse, liberté religieuse, liberté de suffrage, contrôle à tous les degrés avec la liberté parlementaire de la Restauration et une décentralisation dont il nous aurait dotés.

Mais si le petit-fils de nos souverains respectait nos droits, ne devait-il pas aussi respecter les siens? La sauvegarde des

seconds n'entraînait-elle pas la sauvegarde des premiers?
Car, d'une part, que serait devenu un pouvoir désarmé en
face de toutes les libertés? et, d'autre part, combien auraient duré ces libertés si elles n'avaient pas été modérées
et par là même protégées par le pouvoir? Dans l'intérêt de
l'autorité et surtout de la liberté, celle-ci ne vivant que par
celle-là, dans l'intérêt, dis-je, de l'autorité et de la liberté,
ces deux pôles de toute société destinée à vivre, il était
donc nécessaire que les deux puissances demeurassent avec
leurs attributions, leur force, leur respective indépendance,
qu'elles se contrebalançassent mutuellement; en sorte qu'il
fût aussi impossible à la liberté d'empiéter sur l'autorité
qu'à l'autorité d'empiéter sur la liberté. Or, quel meilleur
moyen de la part du prince, bien plus, quel autre moyen
d'arriver à ce but que de ne pas permettre un instant l'apparence même de subordination de son pouvoir, que de le
mettre hors des atteintes qu'il aurait reçues de l'imposition
d'une charte? Le passage de la lettre où il se plaint qu'on
lui demande des garanties n'a donc rien que de très-expli-
cable. Pour l'exiger, il fallait ou qu'elles ne fussent pas
connues, or elles l'étaient, ou qu'elles fussent insuffisantes,
or aucun parti en France, je pense même en Europe, ne
pouvait se targuer de cette prétention. Vous m'avouerez, de
plus, monsieur, qu'une majorité s'en laissant imposer par
une apparence de difficulté n'est pas une majorité bien solide et, qu'à en juger par une incertitude aussi flottante, il
n'eût pas été prudent de compter sur elle pour un concours
de plusieurs années ou même de plusieurs mois.

I. Je n'ai jamais dit que la majorité fût considérable,
mais était-ce sa faute si les conservateurs d'une partie de
l'Assemblée mettant leurs rancunes politiques au-dessus de

leurs propres intérêts et de l'intérêt du pays refusaient d'acclamer un Gouvernement qui, pour ne citer qu'un seul avantage et le plus manifeste, eût rétabli la prospérité matérielle et les affaires. D'ailleurs, considérable ou non, il fallait se contenter de cette majorité, sous peine d'encourir le châtiment du héron de la Fable qui, pour avoir voulu attendre ses heures et choisir ses mets, fut réduit à souper maigrement. Il n'est pas bon d'exagérer la délicatesse en politique. Rappelez-vous avec quelle habileté vraiment gasconne notre Henri IV épiait la moindre occasion ou la faisait naître. Le plus ennuyeux des poëmes épiques, si tant est qu'il soit un poëme épique, nous apprend qu'il régna

« Et par droit de conquête, et par droit de naissance. »

Après s'être attiré les politiques il détacha habilement de la ligue plusieurs chefs et, quand il crut que, pour les soumettre tous définitivement, il fallait embrasser leur religion, il sut s'en accommoder. Vous connaissez le mot « Paris vaut bien une messe. » Avant de le prononcer, le Béarnais n'avait négligé aucun moyen de mettre de son côté la fortune. Deux siéges de Paris, plusieurs rudes campagnes furent les moyens par lesquels il ne cessa de la combattre jusqu'au jour où elle lui devint propice.

II. — Vous venez de répéter une plaisanterie dont j'ai entendu maintes fois faire usage et que, malgré cela, je ne crois qu'à moitié. Etes-vous sûr qu'elle soit d'Henri IV ? L'ayant entendu démentir par plusieurs personnes graves qui s'étaient donné la peine de remonter à sa source, je la mettrais volontiers au rang de ces apophthegmes que l'intérêt des partis a mis en circulation sans qu'ils aient jamais été prononcés par d'autres que ceux qui s'en servaient. Je me confirmerais dans cette opinion en voyant le zèle avec lequel le Béarnais persévera dans sa croyance : protection accordée au catholicisme, bonnes relations avec le Saint-Siége, rappel des Jésuites contre l'avis du Parlement. Sont-ce là les preuves qu'il sacrifia exclusivement au calcul en embrassant une religion qui était celle de ses ancêtres, et qu'après sa conversion il ne cessa d'honorer ? (1).

Quoi qu'il en soit de certains mobiles que Celui « qui sonde les reins » connaît seul, vous ne voudriez pas, je présume, que le petit-fils et l'homonyme de Henri le Grand imitât sa belliqueuse ardeur. La différence des idées et des mœurs, qui remet dans la France du dix-neuvième siècle au consentement des peuples la reconnaissance de droits que les princes du seizième demandaient exclusivement à leur épée, ne permet plus chez nous que le dépositaire de la prérogative sociale la plus auguste et la plus indispensable au salut des empires la commette aux hasards d'une bataille. En Espagne constituée différemment, et où le parti de la loi salique et des vieilles traditions nationales, en ce qui concerne l'autorité, n'a jamais cessé de protester par les armes, la conduite du roi Charles VII peut être héroïque et habile. De même pourtant que des lois semblables ne conviennent pas à tous les peuples, ainsi il n'y a pas pour eux de remède universel. Chez nous, où le désordre existe presque universellement dans les esprits, je ne vois, après Dieu que les événements qui puissent les modifier. Le

(1) Henri IV dit un jour à Sully qui le plaisantait sur ce qu'il s'était agenouillé devant le Saint Sacrement. « Oui, j'y crois et il faut être fou pour ne pas y croire. Je voudrais qu'il m'en eût coûté un doigt de la main et que vous y crussiez comme moi. »

Prince n'a pas à presser ni à convertir. Fort de son droit et du puissant secours qu'il apporterait à la nation française, il attend qu'elle reconnaisse ce droit et ce secours. Mais il regarderait comme indigne du rôle auguste qui lui a été confié de se laisser aller à quelque impatience. Autant il est toujours prêt à revenir malgré la légende que la mauvaise foi tend à accréditer sur son refus de la couronne, autant il croit que le meilleur moyen d'en demeurer digne est de s'enfermer dans la loyauté et la fermeté inébranlable de ses premières déclarations. Qu'on ne croie pas, au reste, d'une politique secondaire de n'accepter que de la sincérité et du droit ce que d'autres demandent aux subterfuges et concessions. Considérez où nous ont menés les résultats merveilleux de tant de concessions politiques. Nous en avons expérimenté un plus grand nombre dans l'espace de quatre-vingt-deux ans, si on les fait courir de la proclamation de la première République en 92 qu'il ne nous en avait fallu pour traverser neuf siècles, et cette richesse nous a tellement réussi que, désormais, après dix-huit ans de repos tel quel, nous en sommes réduits à nous réjouir. La conséquence était fatale. De même que le refus obstiné de se prêter au cours naturel des temps entraînera la mort du pouvoir qui ne vivra que dans le passé, ainsi, ou plutôt avec une force bien autrement irrésistible sera emporté le pouvoir qui se sera laissé arracher des concessions. Bossuet a démontré dans son oraison funèbre d'Henriette de France combien en Angleterre le désordre des nouvelles sectes religieuses avait engendré le désordre d'une indépendance absolue vis à vis de la couronne et la soif inextinguible de concessions nouvelles. Si elles aboutirent de l'autre côté du détroit à l'indépendance politique poussée jusqu'à la déposition et à la mort du Roi, il ne serait pas difficile de prouver combien, chez nous, la licence intellectuelle absolue dégénérant en licence politique absolue entraîna la Royauté, d'exigences en exigences, jusqu'à ce qu'elle l'eût acculée dans la perte du Roi, du royaume, des institutions, et que, satisfaite de la destruction universelle, elle se fût reposée sur les ruines. Les modérés avaient précédé les Girondins, les Girondins les hommes de guillotine. C'est ainsi que les concessions réclamées par les sages deviennent d'épouvantables folies.

I. — Vous ne pensez donc pas que la politique soit un art de transactions. J'entends chaque jour ériger cette règle en axiome et juger ceux qui s'en écartent comme dignes de compassion. Je vous plains de vous en laisser ainsi imposer par les théories de la droite.

II. — Défiez-vous de ce raisonnement, monsieur, que le gouvernement de la droite est chimérique, que les hommes, que les programmes de la droite sont ridicules, qu'il n'y eut jamais un ministère distingué, un groupe de politiques dignes de ce nom dans les rangs de la droite ; tous sophismes répandus par l'ignorance ou la mauvaise foi et souvent les deux réunies. L'honnêteté dupée les accepte ensuite sans contrôle avec la complaisance qu'on lui connaît. Quel fut sous le gouvernement du principe ou de l'hérédité sur le trône le ministère qui inspira le plus la confiance et la sécurité au dedans, au dehors assura le plus au nom français le respect qui lui est dû ? Ce fut le ministère de M. de Villèle, pourtant chef de la droite, et étant arrivé avec elle aux affaires.

Si de la monarchie légitime, je passe aux monarchies élues, soit par les représentants du peuple, soit par l'uni-

versalité du peuple lui-même, je vois encore les hommes re-
lativement de droite, c'est-à-dire les hommes de résistance
à l'anarchie immédiate, les soutenir et faire durer. Que
serait devenu le trône de juillet si, ébranlé à sa naissance
par la faiblesse et le goût de popularité du ministère Laffitte,
il ne s'était consolidé par l'énergique répression du désordre et la fermeté de conduite qui distinguèrent le ministère Casimir Perier. L'impulsion vigoureuse qui en
partit contribua puissamment à la durée de dix huit ans du
règne de Louis-Philippe. De même, sous le second empire,
où nous vîmes le parti qui représentait le plus l'autorité
vivre dix huit ans, de 51 à 69, et celui qui la représentait
le moins vivre plusieurs mois, du 2 janvier 70 à la chute.
La seule différence entre l'ordre s'alliant au principe et
l'ordre protégeant la fantaisie, est que dans le premier cas il
est plus compatible avec la liberté que dans le second. Car,
quand un pouvoir ne repose pas sur le droit, il est obligé de
retrouver en force matérielle ce qui lui manque en force
morale.

Je ne parle pas du courage, de l'élan qu'inspirent les
idées et la foi de la droite. A cet égard l'héroïsme des Ven-
déens et des populations de l'Ouest nous éclaire dans le
passé. Les royalistes espagnols se chargent de la leçon présente. On aimait à se représenter les carlistes comme de
malheureuses bandes éparses. Le scepticisme plus ou moins
libéral leur refusait la puissance d'un parti sérieux. Les
partisans de l'autel et du trône des deux formes d'autorité
ne pouvaient être, aux yeux de certaines gens, que des in-
sensés, des illuminés jetés par leurs rêves hors du bon sens
et de la loi. Et cependant, dans les conditions de lutte les
plus inégales, en face d'armées plus nombreuses, mieux or-

ganisées, ayant à leur service les ressources d'un royaume de
16,000 000 d'hommes, les canons, la flotte, le trésor et
même les engins perfectionnés de la Prusse, tandis qu'eux-
mêmes les royalistes n'avaient que leur courage, leur foi
dans leur Dieu, leur roi et leurs montagnes, ils n'ont pas fait,
je crois, trop mauvaise figure.

Le mot de plusieurs hommes d'Etat m'est connu : la France
est centre gauche. Pour moi je ne connais, à proprement
parler, que deux Frances ; l'une qui ne veut pas s'en aller
avec la Pologne, une France énergiquement conservatrice,
la France de M. de Villèle sous la Restauration, de Casimir
Perier sous la monarchie de juillet, des autoritaires sous
l'Empire. Cette France, avec des distinctions que je me garde
de supprimer, est droite. Quant à l'autre France jalouse,
idéologue, tracassière, composée d'individualités curieuses
exclusivement de leurs intérêts personnels, elle peut s'in-
tituler gauche, centre gauche même ; elle est toujours l'a-
nàrchie.

Les théories de la droite sont à plaindre, je le crois
vraiment !.... Votre remarque me fournit l'occasion de signaler l'un des défauts qui ont le plus contribué à nous
perdre. Ce défaut est de mêler toutes les règles, toutes les
notions, de poser en principe certaines vérités incontestables,
et puis, ces vérités promulguées, d'en tirer des conséquences
beaucoup plus douteuses. Un siècle bientôt de désordre dans
les esprits y a tout confondu dans un pêle-mêle auquel on
ne croirait pas, si l'on ne l'avait sous les yeux. Par exemple,
en ce qui concerne la réponse à opposer à votre dernière objection, il est vrai d'une évidence que je n'essaierai pas de
contester que la politique est un art de mesure, que la vio-
lence, comme partout du reste, y est des plus déplacées ;

mais il est au moins aussi incontestable que d'attribuer le
refus de certaines conditions inadmissibles à l'aveuglement
ou à l'obstination est le comble de l'emportement et de la
déraison politiques. Les Etats ne se gouvernent pas avec les
petits moyens qu'il plaît à certaines subtilités d'imaginer.
Il y a les grands courants de l'époque qu'aucun prince tant
soit peu éclairé ne refusera jamais de suivre ; mais à côté,
ou plutôt au-dessus d'eux, il y a certains principes dont l'an-
tiquité et les éclatants services démontrant l'utilité, l'a-
moindrissement équivaudrait à l'amoindrissement même du
peuple qui leur a dû sa grandeur. Loin donc qu'en refusant
de les sacrifier le prince témoigne d'une persistance re-
grettable, c'est leur abandon qui serait en même temps celui
de la France, parce qu'il impliquerait la sanction d'utopies
et de chimères avec lesquelles nos nombreux désastres ne
prouvent que trop combien il est impossible de vivre. Si un
père voit ses enfants se jeter dans une suite d'entreprises
folles, il ne leur prouvera pas sa tendresse en les approu-
vant, mais en les invitant à ouvrir les yeux et à changer
de conduite. S'il est beau de suivre son siècle, il est encore
plus beau de le devancer. C'est en tenant haut et ferme la
bannière de certains principes qu'on l'éclaire et qu'on le
sauve. Quand le saint roi Louis IX rendit à l'Angleterre
les provinces détenues injustement, selon lui, par la couronne de France, sa conduite parut peut-être impolitique.
Saint Louis n'en est pas moins l'un de nos plus illustres
princes. C'est que par son désintéressement, par sa vertu il
sut ajouter encore au patrimoine de l'ancienne monarchie,
en ajoutant à ce que Montesquieu proclamait son principe,
en ajoutant à l'honneur.

I. — J'admire vos considérations, monsieur, et je regrette

qu'il ne leur manque qu'une chose : d'être pratiques. Sans
doute il est beau, il est chevaleresque de reconnaître les ver-
tus des vieux âges, mais considérez un peu, je vous prie,
le temps au milieu duquel nous vivons. Les plus belles
choses cessent de l'être en devenant inopportunes. Si saint
Louis est un grand roi dans l'histoire de l'Eglise et l'histoire
politique, malheur au rejeton de sa race qui invoquerait
aujourd'hui son exemple. Tous les abus dont la calomnie
s'est plu à entourer le projet de retour de son petit-fils re-
cevraient de paroles aussi imprudentes une nouvelle confir-
mation. Vous avez remarqué sans doute que, tous ces jours
derniers, dans les divers organes de la presse radicale et même
libérale, on évoquait avec des airs risiblement sérieux le
fantôme des droits féodaux, de la puissance théocratique
et jusqu'aux raffinements de torture, en usage, il y
a plusieurs siècles : le percement de la langue pour les
blasphémateurs par exemple. On se gardait bien d'ajouter : que pour ce supplice il fallait remonter jusqu'au
XIIIme siècle, c'est-à-dire jusqu'à une époque où tout était
rude : les lois comme les hommes. De pareils contes amusent
les philosophes, mais le gros du peuple ne se laisse-t-il pas
conduire par les fables à l'instar des enfants ; et, s'il est
convaincu que le retour pur et simple de la monarchie équi-
vant pour lui au retour de lois et d'usages affreux, n'accep-
tera-t-il pas toutes les solutions de préférence à celle-là ?
Plutôt que de tomber sous le pouvoir légitime ne se jettera-
t-il pas dans les bras de tous les usurpateurs ?

II. — Je vous ai déjà montré que le retour pur et simple
n'existait pas, puisque le Prince était précédé par les
déclarations libérales de ses lettres. Quant à la perspective
que vous m'offrez elle est peu encourageante, et il suffit

que le fait que vous redoutez se soit passé deux fois chez nous pour craindre qu'il ne s'y renouvelle. D'autres tireraient une autre conséquence, et, de ce qu'un événement s'est produit une fois chez une nation aussi mobile que la nôtre concluraient hardiment qu'il ne s'y reproduira plus. Je préfère m'arrêter à mon premier sentiment. J'ai, toutefois, pour ne pas trop m'abandonner à la crainte deux arguments qui me paraissent assez plausibles : la différence dans la situation des usurpateurs, les trois enseignements de 1795, 1848 et 1871.

La différence de chances pour les usurpateurs venant de la différence de leurs mérites (car sortez du principe il n'y a plus que la fantaisie et l'arbitraire des personnalités), je ne vois pas comment nos Césars actuels seraient appelés aux destins de leurs prédécesseurs. Qui jamais porta plus loin le génie que Napoléon Ier à la fois guerrier, administrateur, orateur et écrivain remarquable, mettant l'ordre dans le chaos, y couvrant tout de la victoire et, quand le vice de son origine l'eut contraint à épuiser toutes les forces vives de la nation fascinée, l'ensevelissant avec lui dans la gloire de sa plus merveilleuse campagne. La Révolution en l'épousant en 1804 put croire qu'elle se donnait l'immortalité. En 1851, après nos luttes fratricides de juin, l'effroyable anarchie intellectuelle qui les précéda, les suivit et les aurait peut-être ravivées, qui sut profiter du moment avec plus de dextérité et d'audace, qui témoigna d'un sang-froid plus rare et d'une possesssion plus complète de soi-même que le Prince qui, durant dix-huit ans, ne se laissa jamais entamer par les passions intérieures, et au milieu de partis ne s'entendant que contre lui poursuivit une destinée qui en imposa longtemps à l'Europe.

Si le neveu et fils de ces hommes supérieurs avait hérité de leurs lumières, les chances seraient nombreuses pour qu'il leur succédât. Mais vous avez lu dans la *Vie de M. de Narbonne* par M. Villemain, ce que Napoléon disait de l'avenir de son fils et vous avez appris, une fois, de plus combien les grands hommes ont peu la chance et même l'espoir de se survivre. Les fils de François Ier, de Henri IV, de Louis XIV et de Napoléon Ier furent des hommes ordinaires. A la médiocrité qui, selon toute vraisemblance, sera le partage du chef actuel de la dynastie napoléonienne, s'ajoutent son âge, son ignorance des hommes et des choses, les rivalités qu'il rencontre dans sa famille et parmi ses partisans. Car il y a trois manières d'entendre l'empire, en réclamant soit le régime autoritaire de 1851, ce premier empire est celui de M. Rouher, le ministre qui après le Mexique, l'Italie, ne voyait « pas une seule faute de commise », soit l'empire libéral du 2 janvier, ce second empire est celui de M. Olivier, si célèbre par «son cœur léger», soit la république du prince Napoléon conduisant à l'empire. Mais ici il n'y a plus seulement désaccord sur le choix et l'habileté des conseillers ; c'est la personne même de César qui est en jeu. Tel est l'état des forces des sauveurs de la France, je dis, sauveurs, parce qu'ils nous ont coûté trois invasions, la perte de deux provinces et beaucoup de milliards ; c'est à ce prix qu'ils nous ont vendu l'ordre matériel,

Que s'est-il au contraire passé pour la monarchie légitime qui serait revenue deux fois plus tôt, à la place du premier et du second empire si, à deux reprises différentes, le chemin ne lui avait pas été barré par eux ? Sortie du règne sanglant de la Terreur, la France royaliste tournait de nouveau ses yeux vers ses anciens princes et se réorganisait partout en province, à Paris même, lorsque Bonaparte et Barras dissipèrent ses légions naissantes dans la journée du 13 vendémiaire. Au dix-huit fructidor an V (4 septembre 1797), le mouvement s'accentua encore davantage et finit par la proscription de deux directeurs, de onze membres du conseil des cinq cents, et des propriétaires et rédacteurs de trente-quatre journaux. En 1848, après que l'usurpation eût été jugée par ses fruits et l'épouvantable déchaînement social auquel elle aboutit, on se rejeta vers le descendant des rois qui l'avaient comprimé plusieurs siècles. Un grand nombre de légitimistes furent acclamés par le pays. La fusion des deux branches fut agitée. Peu s'en fallut que le chemin du trône ne se s'ouvrît à la maison de France. En 1871, après une nouvelle épreuve, suite des folies d'imprévoyance de l'empire et des folies furibondes de la république, le pays deux fois escamoté par César et trois fois par le gouvernement populaire voulut se reposer dans le triomphe du vieux droit national. Il acclama les partisans du prince qui le représentait. Il aspira à la monarchie qui, avant-hier encore, de votre propre avis, était sur le point d'être restaurée. Ainsi les trois épreuves démagogiques de 93, de 48 et de 71 ont été suivies de trois réactions royalistes qui ont toujours été s'augmentant ; la seconde plus accentuée que la première, la troisième plus accentuée que la seconde. Dieu veuille que de nouveaux fléaux ne s'abattent pas sur notre patrie, que les troubles populaires qui n'éclataient guère, sous l'ancienne monarchie, que dans les minorités, et qui, de la chute de la Fronde en 1653 jusqu'à la prise de la Bastille le 14 juillet 1789, nous laissèrent en repos presque un siècle et demi, que les troubles civils, dis-je, ne ravagent plus la France ; que de nouvelles invasions (il faudrait remonter jusqu'à Charles VII pour en trouver de semblables à celles qu'ont amenées nos diverses formes de révolutions : empires, républiques,) que de nouvelles invasions ne nous enlèvent pas deux nouvelles provinces, conquêtes de la vieille monarchie. Mais si jamais l'un de ces fléaux qui menacent notre prospérité intérieure ou notre influence extérieure venait à sévir, qui peut assurer qu'on ne se rapprocherait pas encore davantage du seul salut possible et, qu'après avoir failli recourir au principe héréditaire en 1795, 1848 et 1873 on ne le rétablît pas en ...... !

A la Providence seule de remplir ce blanc. Sans doute il vaudrait mieux que la sagesse préventive remplaçât une expérience cruellement achetée ; mais si nous ne pouvons être instruits que par le malheur, il faudra bien nous y résigner.

II. — L'expérience est contre vous, monsieur. Les trois avortements de la monarchie après trois orgies de crimes donnent tout lieu de croire qu'après une quatrième, le même avortement se reproduirait. Si, d'ailleurs, je crois peu à cette thèse d'après laquelle l'excès du bien sortirait nécessairement de l'excès du mal, j'avoue que le calme de ma raison répugne au passage à travers une nouvelle période de sang et de honte pour arriver au port. J'aime mieux n'y point aborder du tout et me contenter de l'à peu près de repos et de sécurité garantis par l'habileté du pouvoir actuel que de courir les chances d'un si long et si dangereux détour.

I. — Je comprends votre préférence ; mais qu'elle existe ou n'existe pas, peu importe. Quand vous désireriez vous en tenir à ce qui est, ce qui est en serait-il plus solide ? Vos désirs l'empêcheront-ils de crouler., C'est en vain qu'on essaierait de se cramponner à une apparence de repos, la logique des événements est plus forte que cette apparence, et vous l'arrache. A parler plus philosophiquement même, je trouve que les plus ardents dans la poursuite du principe sont aussi les plus raisonnables ; car, s'ils ne reculent pas immédiatement les difficultés, du moins ils ont la probabilité humaine, qu'une fois vaincues, elles ne reparaîtront pas de quelque temps, tandis que les autres, en refusant toujours de les voir, ne cessent de les accroître jusqu'au jour très-prochain où grandies par leurs concessions elles ne les précipitent du haut de leur aveuglement dans l'abîme. Qui peut, en effet, arrêter les peuples sur la pente où le défaut de principe les a poussés une fois. Je conçois que les régimes bâtards plaisent. Ils réservent les espérances des uns, ils satisfont la mollesse des autres ; mais suffit-il de la confiance et de la mollesse pour assurer l'avenir ? ......

Quant aux habiletés modernes, laissez-moi vous en tracer un tableau afin que leur puissance ressorte clairement de l'examen de tous leurs essais. On a d'abord avec la proclamation de la première république la puissance souveraine d'une Assemblée dominée par les clubs ; on a la Convention. Epouvantable de crimes mais grandiose à la manière du Satan de Milton, ses fureurs qu'elle avait fini par retourner contre elle-même et la satiété du sang l'usent en trois années. La constitution de l'an III suit. La corruption et la vénalité du Directoire remplacent la guillotine ; elles durent quatre années, c'est-à-dire plus longtemps. Au 18 brumaire (9 novembre 1799) triomphe Bonaparte, c'est-à-dire la dictature de la victoire. Il se soutient par elle jusqu'au jour où ayant éprouvé son infidélité dans une seconde et suprême tentative, il se livre aux Anglais, et va mourir à Sainte-Hélène.

D'une fertilité de conceptions merveilleuse, le conquérant

ne s'était pas appuyé sur moins de trois constitutions : la
constitution de 1799 ou constitution de l'an VIII, la constitution de 1802 ou organique de la constitution précédente,
de la constitution 1804 ou constitution de l'Empire. On pourrait y ajouter l'acte additionnel, sorte de premier Empire
libéral aussi éphémère que le second. Quand, après quinze
ans, on eut été dégoûté du principe héréditaire qui nous
avait empêchés d'être démembrés, nous avait remis à la
tête de l'Europe et nous avait conquis Alger, on revint aux
expédients et à une royauté d'aventure. Le prince qu'on
choisit est habile personnellement, plus heureux encore dans
le choix de ses conseillers. Ses lumières s'ajoutant aux leurs,
nous procurent dix-huit ans de prospérité matérielle. La garde
nationale qui les avait intronisées y met fin. Le pouvoir de
l'émeute succéde et aboutit aux journées de juin. Le prince
Louis prend le prétexte de les empêcher de reparaître pour
préluder par un coup d'Etat à la constitution de 1852.
Immortelle et immuable comme ses aînées, elle était déchi-
rée dans plusieurs de ses articles par une série de concessions libérales, lorsqu' elle disparaît avec son auteur. Les
hommes du 4 septembre 1870 arrivés à la faveur de la défaite ne paraissent que pour l'aggraver et pour être empor-
portés par elle. Ainsi, une République avec une Convention,
une République avec un Directoire, une République avec
un Consulat d'abord décennal puis viager, un Empire absolu,
fruit de la victoire, un Empire en apparence libéral, fruit de
la défaite. Puis, quand on eut le dégoût d'un régime qui
représentait le principe et l'histoire, se contentait d'agrandir
la France, de lui rendre son rang à l'étranger et sa prospérité intérieure avec les finances les mieux administrées
que nous ayons eues, le retour à la fantaisie par une mo-

narchie de fait assez habile pour le prolonger dix-huit ans ;
une nouvelle tentative de République produisant la fusillade
à Paris, comme la première y avait produit la guillotine et
comme la troisième y produira la Commune ; le sabre reparaissant avec la crainte de la démence démagogique et se
tuant lui même à l'intérieur par la démence politique ; la
démagogie reprenant ses visées et achevant de nous valoir
la perte de deux provinces et de plusieurs milliards. Voilà
les résultats des habiletés de nos grands hommes. Telles
sont les œuvres qu'ont enfantées leurs rêves, lorsque répu-
diant les traditions nationales ils les ont remplacées par les
mille inventions de leur féconde sagesse. Mais peu importe
que le génie même ait été convaincu d'impuissance dans le
passé. Parce que nos modernes sauveurs sont arrivés plus
tard, serait-il juste qu'on les écartât ou qu'on leur enlevât
le moyen de déployer une variété d'aptitudes et de ressources,
ornement de leur siècle et félicité de leurs concitoyens ?
Pour être plus heureux que leurs devanciers, on n'a besoin
de leur souhaiter qu'un génie au-dessus de celui de Napoléon dans la guerre, un talent supérieur à celui de
M. Villèle ou du baron Louis dans les finances, de Casimir
Perier dans l'administration politique, de MM. Guizot et
Thiers dans l'éloquence et la science parlementaires.

I. — S'il en était ainsi, monsieur, aucun État ne pourrait
subsister, car où sont ailleurs, chez les autres peuples, les
génies ou les talents que vous indiquez comme indispensa-
bles. Je n'en vois qu'un seul dont la supériorité nous a coûté
trop cher pour qu'il soit nécessaire de vous l'indiquer. Mais
cet homme qui peut disparaître demain sera difficilement
remplacé. Pourquoi serions-nous tenus d'avoir des grands
hommes que l'Autriche ni l'Angleterre, ni la Russie ne pos-

sèdent, bien qu'elles marchent. Un gouvernement régulier suffit. Nous allons travailler à son organisation avec Chambre haute, pouvoir exécutif suffisamment armé, nouvelles lois électorale et municipale, et les autres contrepoids et précautions que l'expérience oppose à l'envahissement de la démagogie.

Notre président de République est sans pouvoir suffisamment étendu et défini ; nous le lui étendrons et définirons. La haute-chambre modératrice de la seconde se recrutera de la façon la plus conservatrice. Nous essaierons par de sages lois et des remaniements administratifs de diminuer l'action du désordre aux élections futures de la chambre législative. Ainsi, pourvus d'institutions nous serons en état de jouir, à l'exemple des autres nations, d'un repos qui nous permette de reconstituer notre armée avec nos finances, et de reprendre notre rang en Europe.

II. — Je suis aise de vous entendre vanter la sécurité que nous pourrons retirer de nos institutions, de même que les autres peuples la retirent des leurs. Mais pour que les nôtres aient la même efficacité, n'est-il pas nécessaire qu'elles soient dans les mêmes conditions. Car ne serait-ce pas le comble de la démence d'attribuer les mêmes effets à des causes différentes ? Or, pour ne parler que des grandes puissances, quelle est pour elles la base, quel est le fondement de tout ordre, de toute stabilité ? L'Autriche constamment vaincue, depuis un siècle, a traversé des revers aussi terribles que les nôtres. Comment s'est-elle retrouvée toujours se réfugiant de Prague dans Vienne et de Vienne dans Pesth et, malgré la vigueur avec laquelle on la poursuivait, parvenant toujours à se reconstituer. Comment et où se reformait-elle ? autour du trône. Quelle boussole dirigeait son vaisseau au milieu des vagues émues et toujours prêtes à l'engloutir ? Cette bous-

sole était son culte monarchique ou plutôt dynastique, car il
y a entre ces deux termes tout l'intervalle d'une théorie ab-
straite à un bienfait vivant. C'est grâce à cette direction toujours présente, à cette direction qu'elle n'avait pas besoin
de chercher, qu'elle parvenait toujours à se retrouver et
que, le lendemain des revers qui auraient dû l'abattre, elle
possédait encore assez de vigueur pour essayer et espérer de
les convertir en triomphes. De même pour la Prusse, plus
abaissée après Iéna que nous ne l'avons été après nos récents
malheurs. La nation était à terre ; elle se tourna vers la
royauté pour se relever ; elle se serra autour d'elle et elle se
releva. L'éloignement, la rigueur du climat et l'immensité de
l'empire n'ont permis que deux fois à la Russie d'être enva-
hie par des ennemis redoutables : Charles XII et Napoléon Ier.
Le culte qu'elle a toujours eu pour ses tzars éclata alors,
et c'est avec eux qu'elle s'enfonça dans les vastes plaines où
l'attendaient la victoire pour elle, la mort de froid ou de
faim pour ses ennemis. Pour l'Angleterre, on sait le respect
qui y environne la prérogative royale et comment, selon les
règles constitutionnelles ici sincèrement appliquées, cette
prérogative est au-dessus de toutes les luttes des partis. Parmi
les cinq grandes puissances, je n'en vois donc qu'une seule : la
nôtre, qui cherche sa force en dehors du respect de ses anciens princes. L'Angleterre, la Russie, l'Autriche et la Prusse,
disent la maison de Hanovre (1), de Holstein Gottorp héritière
des Romanoff, de Hapsbourg ou de Hohenzollern. Pour nous,
nous disons tantôt la royauté élective, tantôt l'empire plé-
biscitaire, tantôt la république conservatrice, tantôt la répu-

(1) Si l'Angleterre a fait une dernière révolution en 1688, du moins a-
t-elle eu le bon sens de s'en tenir à celle-là, et de ne pas l'aggraver par
de nouvelles.

blique rouge, et souvent avec une égale ardeur toutes ces choses à la fois. Il n'y a que le préservatif universel, il n'y a que l'hérédité, que le principe qui nous a régis neuf siècles et régit encore l'Europe dont nous ne voulions pas. Jugez par là de l'inégalité des situations. Il ne tiendrait qu'à nous de l'effacer. Quand je considère les ressources de toute nature que nous possédons et qui, encore maintenant, nous donnent de nombreux avantages sur les autres peuples, je me dis que si nous ajoutions à la supériorité de richesses matérielles et artistiques l'égalité de prudence par rapport à eux, ce n'est plus seulement à l'absence de revers graves que nous devrions prétendre, mais à la continuité de succès merveilleux et prépondérants dans tous les genres. Si nous l'ignorons, nos ennemis le savent, et c'est pour cela qu'ils se complaisent dans nos tâtonnements. En un mot, voici toujours à quoi se ramène la différence entre les institutions des autres Etats et celles qui nous gouvernent, si tant est qu'on puisse les appeler des institutions. Nous avons besoin de grands hommes pour les faire vivre, soit onze soit dix-huit ans. Ils peuvent se passer de grands hommes pour les posséder toujours. Il leur suffit que le cri national de vive l'Empereur ou vive le Roi ne soit jamais interrompu.

A l'incertitude de notre état politique nous empêchant de nous reconstituer au dedans vient encore se joindre pour nous discréditer davantage au dehors la forme actuelle du Gouvernement, la forme républicaine qui nous régit. Je m'explique sur cette nouvelle proposition par laquelle je réponds à ce que vous me disiez du rang que nous allions reconquérir en Europe. Celle-ci étant actuellement monarchique à la réserve de la petite république suisse et de l'Espagne burlesque par son anarchie, si l'héroïsme carliste ne la relevait, toute forme de gouvernement autre que la monarchie est pour les divers Etats ou une menace, si elle réussit, ou un objet de dérision, si elle pousse l'infortune jusqu'à glisser dans l'orgie démagogique. Que de fois j'ai entendu dire à des étrangers : Anglais, Autrichiens, Russes, Italiens même : Nous ne pouvons adhérer franchement à votre république ; car, si elle prospère, les trônes de nos Gouvernements sont mis en péril, si elle échoue par suite de désordre, comment seraient-ils les alliés d'un peuple qui se couvre de honte ? Ainsi sont jugées au dehors, quand la franchise, résultat de relations suivies dispense de tromper, les institutions dont vous espérez tirer un prestige égal à celui des institutions des autres pays. Que nos finances se rétablissent, que notre armée se reconstitue, il y a là, de quoi aider, dans une mesure incontestable, au respect de nos droits. Mais jamais ils ne seront autant sauvegardés que le jour où, s'appuyant sur des préparatifs matériels suffisants, ils en imposeront en outre et bien plus par la hauteur du principe qui les abritera. Alors, seulement, nous jouirons pleinement et en paix de l'estime que doit nous attirer la supériorité de notre sol, de notre langue, de notre activité, de notre industrie et de nos arts.

J. — Je comprends la valeur de votre raisonnement. Mais pourquoi ne donnerait-on pas à notre Président la force que vous attribuez aux institutions monarchiques ou dynastiques, si vous le préférez, en l'entourant de ces mêmes institutions ?

II. — Vous me donnez beau jeu, monsieur. Car pour qu'il y ait institutions dynastiques ou monarchiques (la monarchie ne se concevant pas sans dynastie) il faut qu'il y ait dynastie, et je ne pense pas que l'honneur même d'un Bayard soit cette qualité. Ainsi nous retombons toujours dans les personnalités dont je vous montrais tout à l'heure le caractère fragile. Nous marchons toujours à l'inverse des institutions. Conférez au Président le nombre d'années qu'il vous plaira ; environnez-les de tous les soutiens, de toutes les garanties. Définissez son pouvoir autant que vous le jugerez convenable. Il ne manquera à ce pouvoir qu'une chose : d'être capable de fonctionner de la manière et aussi longtemps que vous l'édicterez. Je ne parle pas du vice capital que présente un Président emportant les institutions de l'Etat dans sa tombe ce qui, en parenthèse, ne ressemble guère à la vieille perpétuité monarchique. Je suppose que le Président vive assez de temps pour achever sa période de pouvoir, mais la lui laissera-t-on remplir ? Si l'un de nos honorables souverains me répondait oui, je prendrais la liberté de lui répliquer avec tout le respect dû à une Chambre éminemment conservatrice : Si vous autres membres de la majorité actuelle pouvez me garantir que vous demeurerez à la Chambre tout le temps nécessaire pour maintenir le pouvoir que vous aurez délégué, qu'égalant la durée de votre mandat à celle de ce pouvoir lui-même vous étendrez votre existence au delà des législatures les plus prolongées, que dans ce but vous obtiendrez de passer un pacte d'une part avec la mort et les maladies pour qu'elles ne viennent pas malencontreusement vous déranger par des choix nouveaux, d'autre part avec l'inconstance humaine pour que cette fée malfaisante ne hante pas, durant tout le temps nécessaire, les cerveaux de vos collègues, si donc vous parvenez à réunir toutes ces conditions, alors je ne réponds nullement que vous ne réussissiez pas, parce que le Président s'appuyant sur une majorité immuable participera à son

immutabilité. Mais si les lois de la nature et du parlemen-
tarisme doivent suivre leur cours, si, vous autres députés
de la majorité, vous devez ou mourir et être remplacés par
des radicaux, ou changer de sentiment, je ne vois pas les
chances de vie de votre organisation conservatrice.

I. — Vous abusez de la plaisanterie, monsieur. Ni nos honorables n'ont la prétention de devenir des immortels, ni le parlement qui existe ne durera toujours. Le pays convaincu des
services que lui a rendus la Chambre en renvoyant les Prus-
siens, en leur trouvant et payant les milliards avec la confiance qu'elle inspirait, le pays convaincu de l'étendue de
tous ces services remplacera les membres décédés par des
membres de la même couleur. Quant au prochain parlement,
il n'est pas douteux que les élections générales étant meil-
leures que les élections partielles, et s'accomplissant d'ailleurs sous un Gouvernement d'ordre, le pays n'envoie
comme députés ceux qui en sont partisans.

II. — Je vous félicite de nourrir une pareille confiance,
car, pour moi, je ne puis la partager à aucun degré. Les
services que vous m'indiquez comme devant attirer la reconnaissance du pays l'attirent si bien qu'il ne manque pas, à
chaque élection, de témoigner sa satisfaction par l'envoi du
candidat le plus écarlate, c'est-à-dire, présentement, le plus
désagréable. Souvenez-vous de l'élection Barodet. Rochefort,
à lui seul, pourrait accaparer une vingtaine de colléges si,
débarquant de la Nouvelle-Calédonie, dans l'un de nos
ports, il ne craignait d'être rendu aux enchantements de
la presqu'île Ducos et de l'aimable société qui y réside. Les
départements les plus modérés qui, en 1871, avaient choisi
pour députés leurs citoyens les plus honorables ne se signa-
lent plus que par leurs préférences extravagantes. Il suffit

d'être radical pour être nommé. Ainsi, dans deux ou trois ans, la majorité se déplacera complétement dans l'Assemblée, si l'Assemblée existe encore. La majorité ira à gauche.

Pour la Chambre future, je serais bien étonné si elle n'était pas l'avénement légal du radicalisme, le malheur le plus épouvantable qui puisse achever la France et qui, depuis la Convention, lui avait été épargné. Vous m'indiquez plusieurs remèdes : une nouvelle loi électorale et municipale, le recrutement conservateur du personnel administratif. Le scrutin de liste est, je crois, exécrable ; mais pourquoi le même mode de suffrage qui envoya l'Assemblée la plus honnête ne procure-t-il désormais que des radicaux ? Les vices que vous reprochez à la loi électorale actuelle n'existaient-ils pas en 1871 ? et comment se fait-il que, dans un si court espace, les idées se soient complétement transformées. Je défie ceux qui refusent d'expliquer ce changement par l'absence persistante de définitif et de proclamation de la monarchie de pouvoir fournir une explication tant soit peu spécieuse. Car soutenir que l'Assemblée avait été nommée pour ne rien établir, c'est se moquer du bon sens du peuple, si carré dans sa ligne de conduite, si logique dans ses manifestations, et prétendre avec les radicaux qu'une Chambre monarchique avait été élue pour proclamer la république est du dernier puéril. Le peuple avait envoyé des monarchistes pour qu'on proclamât la monarchie. La monarchie écartée, il envoie des républicains pour qu'on proclame la république. Ne demandez pas au peuple d'autre subtilité dans ses raisonnements. Il comprend tout l'un ou tout l'autre. Il n'entend rien aux milieux doctrinaires. Les deux motifs que vous invoquiez tout à l'heure : scrutin de liste, élections partielles sont secondaires à côté de celui que j'avais l'honneur de vous exposer. Je dois vous en indiquer deux autres qui dominent encore plus le débat et nous mettront de nouveau à deux doigts de notre perte, si l'on ne remédie. Ces deux motifs sont : l'incertitude de notre état politique et nos divisions conservatrices.

L'incertitude vient du caractère indéfinissable et incompréhensible de la république actuelle, ni république franche, Dieu merci ! ni monarchie, ni le provisoire ni le définitif, et, bien qu'en pensent les parrains de cette invention, le système le plus compliqué, et partant le plus fragile en politique. Je ne saurais trop vous le répéter: les masses aiment les programmes simples. Or ce défaut de simplicité ou de certitude engendre l'irrésolution de l'électeur. Outre que ce qui est aussi peu clair n'inspire jamais beaucoup de confiance, comment les bons pourraient-ils se rassurer et les méchants trembler ? N'entend-on pas en effet, dire chaque jour que la république conservatrice ne tardera pas à devenir la république des républicains, que le provisoire ne peut avoir qu'un temps, que son organisation est chimérique, que les prochaines élections générales y mettront un terme. Les élections partielles étant toutes radicales, les honnêtes gens craignent que les générales qui suivront n'aient la même couleur. Ils hésitent donc à soutenir un pouvoir qui disparaîtra peut-être demain, n'aura demandé leur concours que pour les compromettre, excité leur zèle que pour attiser la fureur de leurs ennemis et les signaler à leurs vengeances. Ils ne permettent donc pas au Gouvernement, tout bien intentionné qu'il soit et tout favorable qu'il soit à leurs intérêts, de prendre racine dans le pays en s'appuyant sur eux. Par contre, les méchants triomphent d'un crédit que leurs passions et leurs mauvais organes leur dépeignent comme ne devant pas être éloigné. Le

mot seul de république est une puissante force pour eux, et
ils ne peuvent douter qu'un assemblage de syllabes qui caresse
si bien tous leurs rêves, et a si bien justifié, jusqu'ici,
toutes leurs espérances, ne devienne bientôt une réalité.
Qu'ils se trompent encore en ce point, et que la république
puisse être autre chose que ce qu'ils désirent, je le veux bien
en théorie, mais jusqu'ici la pratique est pour eux. La
confiance ne se prescrivant pas, comment ce mot qui a
accompagné tant de saturnales, et évoqué la guillotine de
93, les luttes civiles de juin 48, la fusillade et les incendies
de la dernière Commune parisienne, comment ce mot la
prescrirait-il ?

Je pourrais entrer, au sujet de la république, dans des
considérations plus étendues et montrer que, sous le gouvernement de cette étiquette, non-seulement les bons s'abs-
tiennent mais encore croient de leur devoir qui est avant
tout de soutenir le pouvoir établi, d'envoyer de vrais républicains, des républicains de la veille à la république.
Qu'il me suffise d'avoir montré les effets de notre état essentiellement incertain et provisoire ; car, en admettant même
qu'on l'organise, qu'est l'organisation d'un pouvoir provisoire, si ce n'est le provisoire lui-même ? Ici nous entrons
dans une logomachie qu'eût enviée Byzance.

Je la laisse pour arriver à la division des conservateurs.

Ici le péril me paraît encore plus affreux et encore plus
évident, s'il est possible. J'admets toutes les suppositions les
plus favorables au Gouvernement ; que la loi électorale soit
modifiée dans un sens conservateur, que le personnel admi
nistratif soit merveilleusement choisi et se signale par son
habileté. Voulût-on, avec les miracles des candidatures offi-
cielles, revenir aux plus beaux jours de l'empire, je crois

peu à la possibilité de leur retour. A quelle situation, en
effet, avait-on affaire dans les années.qui suivirent 1851?
Quelles étaient,dans chaque département, les situations res-
pectives du représentant de l'ordre et du représentant du
désordre? D'ordinaire, pour ne pas dire presque toujours,
le candidat de l'ordre était unique de même que le candidat
du désordre.Les faits les plus récents me prouvent que l'unité
se reproduira pour la seconde candidature, mais aura-t-
elle lieu pour la première?A juger de l'avenir par le passé
et le présent, et nous ne pouvons juger de l'avenir autrement, nous pouvons être sûrs que, de même qu'aux dernières élections partielles, il s'est présenté plusieurs conservateurs dans le même département, ainsi, aux prochaines élections générales, il se présentera plusieurs
candidats conservateurs dans le même arrondissement : un
bonapartiste avec un septennaliste sans couleur, un bonapartiste avec un légitimiste pur. Le bonapartiste qui ne
fera jamais défaut réunira rarement assez de voix pour sup-
planter le radical,mais toujours assez pour empêcher le septennaliste d'arriver. Les candidats conservateurs étant deux,
les voix des citoyens paisibles se partageront en deux :
gage certain de victoire pour le programme unique et si bien
défini du seul candidat radical.

Celui-ci, d'ailleurs, serait évincé que ce ne serait pas
encore au profit de la république conservatrice! Les candidats impérialistes se trouvant, la plupart du temps, en face
d'une administration : maire, adjoints qu'ils connaissent et
leur a donné naguère son patronage officiel, d'électeurs,
qui ont été leurs électeurs, et dont plusieurs, surtout à la
campagne,n'ont pas gardé un mauvais souvenir de la prospérité matérielle de l'empire, forts en plus de l'expérience

et du savoir qu'ils ont acquis dans la stratégie électorale, ne manqueraient pas, si la présence du candidat radical ne s'y opposait, de les tourner à leur profit.

Ainsi, aux prochaines élections générales, point de conservateur victorieux à cause de l'incertitude du Gouvernement et de la division conservatrice, et, dans le cas où ces deux fautes seraient évitées, le succès à peu près général du candidat impérialiste. Où est encore là la victoire, où est l'avenir du Gouvernement actuel, et, avec la défaite de ses candidats, où est le Gouvernement lui-même?.....

I. — Que concluez-vous de toutes ces observations, monsieur?

II. — A vous de conclure. Pour moi je constate que, les prochaines élections devant être radicales, le pouvoir exécutif se trouvera dans l'alternative ou de marcher avec une Chambre radicale et, dans cette hypothèse, de se faire radical, en prenant un ministère radical, des préfets et magistrats radicaux, en distribuant les places et honneurs aux coryphées de la cause radicale, en contresignant les lois et programmes radicaux et d'abord l'amoindrissement temporel de l'armée et du clergé, si l'on n'ose demander du premier coup leur suppression totale et définitive, ou, si le pouvoir ne veut ni ne peut se prêter à un pareil rôle, de convoquer de nouveau la nation pour la mettre en demeure de revenir sur une première folie. Or représentez-vous dans quelles conditions seront déposés les seconds bulletins de vote :

D'un côté, la France honnête sous la terreur du triomphe et des menaces démagogiques, les noms les plus sinistres des plus sinistres jours reparaissant, les plus pernicieux organes ivres de joie, les passions anarchiques relevant la tête ; de l'autre côté, la prostration du parti conservateur, ses chefs en déroute, ses soutiens dans la presse abattus par le cruel et nouvel échec qui vient d'être infligé à leurs doctrines, son armée éparse en désordre et énervée par une longue suite d'arguties auxquelles elle ne comprenait rien, et qu'éclaire enfin d'un jour tardif et sombre le résultat qu'elle a sous les yeux. Faites aussi la part de l'esprit frondeur et indocile, des Français, de leur manie de donner toujours et quand même des leçons au pouvoir, de leur vanité les empêchant de revenir sur un premier coup de tête, même quand ils en conviennent, et dites-moi, s'il est présumable que, sur un second appel, ils répondent plus sagement.

L'appel à la nation épuisé, que restera-t-il au pouvoir ? Il lui restera trois lignes de conduite à suivre : la première de mettre dans sa poche les clefs de la Chambre, après avoir écrit sur la porte, à la manière de Cromwell : Chambre à louer ; la seconde de s'appuyer sur une Chambre Haute et de gouverner avec elle ; la troisième de donner sa démission. Le premier parti nécessite une audace devant laquelle reculeraient la plupart des volontés, et il suffit qu'il ait été adopté par le Protecteur pour que la modération du chef illustre de notre pouvoir exécutif le repousse. Le second, disions-nous, nécessite le concours d'une Chambre Haute. Ouvrez l'histoire moderne à ce chapitre. Elle vous apprendra : que, si les attributions des Chambres Hautes ont varié en France, leur sort n'a jamais différé, que le premier souffle démagogique les a toujours dissipées, qu'en face d'une révolution menaçant le Gouvernement qui les avait établies elles ont toujours été les premières à disparaître, que leur institution répugnant le plus aux idées révolutionnaires, le premier acte

de chaque révolution est leur suppression, que les deux sénats
des deux empires, les deux Chambres de pairs des deux monarchies légitime et élective ont été victimes de la même fatalité.
On compte sur la popularité de l'élection dont seront issus
la moitié ou la totalité des membres de la Chambre Haute.
Mais si la popularité de l'élection par le suffrage universel
n'a pu jusqu'ici préserver la seconde Chambre qui, radicale,
reviendra à Paris, comment l'impopularité d'une élection
beaucoup plus restreinte préserverait-elle la Chambre
Haute ? Celle-ci ayant toujours été chez nous, encore plus
fragile que la seconde, comment supposer un instant qu'elle
pourra lui tenir tête ou lui survivre, selon le rôle auquel
elle sera appelée ?

Privée de Chambre Haute, privée de seconde Chambre,
que devient la France si, n'osant assumer la responsabilité
d'une dictature solitaire, le président de la république
dépose un pouvoir dont il ne peut faire partager le poids à
aucun corps politique ? L'horreur que m'inspire la nuit
profonde qui s'étendra alors sur notre pays m'empêche
d'y pénétrer, et d'y voir, à la lueur des incendies, le
renouvellement des proscriptions et des forfaits les plus
exécrables. Qu'il me suffise d'écrire sur cette époque :
néant, chaos, et de prier le Ciel que l'Allemagne n'en
profite pas. Les richesses de toutes natures de nos plus
opulentes provinces de l'Est étant convoitées ardemment
par un vainqueur peu scrupuleux, le moment pourrait lui
sembler propice de se gorger une nouvelle fois de butin et de
rapine. Peut-être un audacieux de génie y aurait-il trouvé
son compte, mais où est-il ?

I. — Il ne suffit pas de se complaire dans un blâme
universel. Je voudrais qu'avant de critiquer on fût à même

de mettre quelque chose à la place. Si vous lisiez les journaux modérés vous y verriez que tout étant à cette heure chimérique aussi bien votre monarchie que l'empire ou la république, le seul salut est de se rallier au régime conservateur anonyme qui nous régit :

« La critique est aisée, mais l'art est difficile. »

Je ne trouve pas qu'il le soit ici, ni qu'il y ait là matière à la moindre hésitation. Car de deux choses l'une : ou notre provisoire deviendra provisoirement le définitif, et alors ce sera, sous un autre président, la même organisation de république qu'on avait refusée à M. Thiers et Dieu sait quels maux nous réserve une forme de Gouvernement aujourd'hui corrigée par la présence d'un brave chevalier, demain peut-être la proie d'un radical, ou le provisoire demeurant le provisoire, je ne conçois pas l'amour pour un régime qui nous mène sans le vouloir et sans s'en douter, je le reconnais, mais enfin qui ne nous en mène pas moins aux abîmes. Ceci étant, comment le parallèle même le plus lointain, la comparaison même la plus boiteuse et, partant, comment l'hésitation serait-elle possible entre des pouvoirs dont les uns, en s'essayant tour à tour, ont représenté l'impuissance sous toutes les formes, et dont l'autre a aidé à l'établissement d'un des plus florissants royaumes? Loin donc d'être embarrassé pour mettre quelque chose à la place de ce qui existe, j'irais sans hésiter, monsieur, à ce qui est non-seulement le droit mais encore plus la gloire, à ce qui est non-seulement le principe, l'hérédité, mais encore à ce qui nous donna neuf siècles de développement progressif et, encore de nos jours, après le fatal divorce de l'ancienne et de la nouvelle France, les quinze années les plus fécondes et les plus prospères du siècle. Armée, finances, rang à l'étranger, lettres et arts, tout ce qui, à la fin de l'empire, languissait ou n'existait plus, grâce aux folies de l'ambition, conséquences naturelles des folies du crime ; tout ce qui avait été bâillonné par un dictateur se vantant de ne croire qu'à la force ; tout cela reparut sous la Restauration, et notre âge desséché par le vent des fureurs révolutionnaires se sentit rafraîchir par une atmosphère d'éloquence et de poésie rappelant le dix-septième siècle. La Restauration fut une oasis de calme et de paix, une sorte de halte entre deux courses à travers les sables brûlants. Après l'annexion de deux provinces monarchiques (que l'épithète n'étonne pas, elles furent un don de la royauté) après la perte du rang que nous avait assuré en Europe le traité de Westphalie, nouvelle œuvre de la royauté, après la récente explosion d'une sauvagerie, contemporaine chez nous de l'abandon du vieux droit, (car pour l'époque moderne elle commença en 93) nous aussi n'avons-nous pas besoin d'ombre et de repos pour nous remettre !...

Et même, si notre longue sagesse pouvait dépasser quinze ou dix-huit ans, si la vue de ce qui a remplacé le principe nous dégoûtait des expédients, si l'expérience pouvait nous ramener à la vieille foi royaliste, s'il nous était donné de ne plus vouloir chercher notre salut en dehors d'elle, quels nouveaux et merveilleux destins ne serions-nous pas en droit d'espérer ! Il y a une carte que je considère souvent parce qu'elle est le plus grave des enseignements. De l'Ile-de-France où elle était enfermée la France déborde avec les petits-fils de Hugues Capet sur ce qui était autrefois la Gaule et était, au Xe siècle, divisé par le morcellement féodal. Philippe-Auguste ou Dieudonné

(nom que porte encore l'aîné de ses petits-fils) lui enlève
l'Artois, le Maine, la Normandie, la Touraine, l'Anjou,
le Poitou rendus plus tard aux Anglais par le désintéressement de saint Louis; Philippe III le Languedoc; Philippe IV la Champagne; Charles V l'Aunis et la Saintonge,
l'Angoumois, le Limousin, la Marche; Charles VII la
Guyenne et la Gascogne et pour la troisième fois la Normandie; Louis XI la Picardie, la Provence, la Bourgogne
et l'Anjou; François Ier le Bourbonnais, la Bretagne, le
Beaujolais, l'Auvergne, le Lyonnais; Henri IV la Bresse et
le Bugey, le comté de Foix, le Rouergue, le Périgord,
l'Armagnac, l'Orléanais, le Berry, le Béarn et la Navarre;
Louis XIV la Franche-Comté, le Nivernais, la Flandre, le
Roussillon et l'Alsace. Si la race des petits-fils de Philippe-
Auguste, de Henri IV et de Louis XIV était restée sur le
trône, il y a tout lieu de croire que le vœu du grand car-
dinal serait un fait accompli « jusque-là où allait la Gaule,
disait Richelieu, jusque là doit aller la France. »

Chateaubriand ayant à retracer le crime qui venait d'ap-
pauvrir l'un des rameaux de notre maison royale remarque qu'un grand nombre des membres « de cette nation plutôt que de cette famille de rois » ont transmis leurs noms
avec les titres d'auguste, de saint, de pieux, de sage, de
victorieux, et que ces titres leur ont été confirmés par les
siècles. C'est un spectacle majestueux que celui de ces rois
législateurs, guerriers, protecteurs des arts et des lettres
s'avançant à travers les âges, au milieu d'un cortége
de héros et de grands hommes. Montmorency, du Guesclin,
Condé, Turenne, conduisent leurs armées, Duquesne, Tour-
ville, Jean Bart, Duguay-Trouin, Suffren, les vaisseaux de leur
marine. Suger, Richelieu, Mazarin sont leurs ministres poli-

tiques ; Sully et Colbert les administrateurs de leur royaume.
Les uns préparent la suprématie au dehors, les autres une
richesse, une prospérité au dedans qui défient celles de n'importe quelle autre nation. Les princes de cette maison de
France ont pour architectes de leurs demeures les Lescot, les
Ferrault, les Mansard ; pour artistes qui les ornent les Gou-
jon, les Puget, les Girardon, les Vouet, les Philippe de Champagne et les Poussin. Leur esprit est élevé et agrandi par les
œuvres des génies les plus merveilleux dans l'éloquence, la
poésie, l'histoire. Ils honorent et reçoivent à leur cour les
Montaigne, les Amyot, les Bossuet, les Fénelon, les Des-
préaux et les Racine, et ce nouveau genre de gloire nous rap-
prochant d'Athènes donne à tout ce qui nous concerne une
publicité qui n'exista que pour les hauts faits de la Grèce et
de Rome. Quels peuples comptent dans leur histoire plusieurs souverains communiquant leurs noms à leur siècle ?
Nous avons les siècles de Philippe-Auguste, de François Ier, de
Louis XIV. Dans le voisinage des potentats les plus redoutables et bien que parfois battus par eux, comme François Ier
le fut par Charles-Quint, ils savent ou les égaler ou même
les dépasser en prestige, et emprunter tant à la hauteur
de leur âme qu'à la dignité de leur couronne de quoi com-
penser les revers passagers de la fortune. Quand l'avantage
de la force matérielle s'ajouta à leur prestige, il alla si loin
que les différents souverains de l'Europe s'en crurent menacés
et se coalisèrent. Philippe-Auguste, maître d'une grande partie du royaume, eut à combattre les troupes concentrées
d'Othon empereur d'Allemagne, de Jean sans Terre roi
d'Angleterre, des comtes de Boulogne et de Flandres et les
battit. Louis XIV n'eut pas moins de trois coalitions succes-
sives à vaincre ; la troisième, la Grande Ligue de la Haye

en 1702, faillit même l'emporter. Mais la foi monarchique, la grandeur d'âme du souverain échappèrent aux désastres suprêmes que devait, dans les temps modernes, inaugurer la Révolution. Quand Louis XIV mourut, la France était agrandie de la Flandrè de la Franche-Comté sans compter le Roussillon cédé par le traité des Pyrénées en 1639, l'Alsace par celui de Wesphalie en 1648, c'est-à-dire sous la minorité du même Louis XIV.

L'œuvre royale avait été accomplie avec tant d'art, elle s'était avancée par progrès si solides et si logiques, si habilement ménagés et si heureusement soutenus que le résultat auquel elle aboutit était, à son apparition, unique en Europe. Il a fallu la réalisation des plans de deux hommes d'État étrangers, si bien servis par les théories révolutionnaires, pour que deux grandes unités fussent opposées sur le Rhin et les Alpes à la seule unité qui précédât notre récente politique en Italie et en Allemagne. La monarchie nous avait élevés au pinacle ; la Révolution est en train de nous faire descendre. Si elle persiste, j'ignore jusqu'où elle nous abaissera avec ses criminelles chimères.

I. — Vous prêchez un converti, monsieur. Il n'est pas nécessaire d'être philosophe, d'avoir beaucoup lu et réfléchi pour savoir que la politique monarchique était grande, que la politique révolutionnaire est petite, du moins actuellement chez nous ; que la première était habile, que la seconde a accumulé les fautes ; que la première était française, que la seconde est italienne, allemande. tout ce qu'il vous plaira. excepté nationale par rapport à nous ; que la première aboutit au traité de Westphalie, la seconde à ceux de Vienne et de Francfort. Tout ceci court les ouvrages élémentaires, et n'a pas besoin d'être relevé. Je veux vous prendre avec vos propres paroles, avec plusieurs jugements que vous n'avez pas suffisamment motivés. Vous me parliez de certains courants que tout prince éclairé est contraint de suivre. Ces courants de notre époque sont évidemment les idées modernes et le drapeau qui les personnifie. D'où vient qu'à leur place le Prince nous offre l'ancien régime et le drapeau blanc ?

II. — Sont-ce là vos derniers retranchements, monsieur, et quand je vous aurai prouvé, d'abord que l'ancien régime n'est pas ce qu'on se représente, ensuite que le Prince ne nous offre nullement l'ancien régime, enfin que le drapeau blanc n'est en aucune sorte le drapeau de l'ancien régime. vous déclarerez-vous vaincu?

I. — Volontiers.

II. — Je prends acte de votre engagement, et vous remercie de m'avoir attiré vers cet antre mystérieux, vers la caverne enveloppée d'ombre qui recèle le sphinx. La mauvaise foi et l'ignorance défendent l'entrée de la caverne, et il est difficile de séduire des dragons aussi farouches. Comme le monstre porte le nom d'ancien régime en français, c'est-à-dire dans la langue la plus lucide, j'en conclus à première vue qu'il réunissait les idées et les attributions de l'ancien régime ; de plus, que cet ancien régime inspirant autant d'effroi, était le résumé de toutes les horreurs. Pour me former à cet égard une opinion aussi éclairée que possible, je voulus apprendre dans Montesquieu quel était cet état de choses qui, précédant notre première république de 1792, et les réformes sociale. de 1789 était évidemment par rapport à nous l'ancien régime. Montesquieu l'avait eu sous les yeux de 1689 à 1755, c'est-à-dire physiquement soixante-six ans, intellectuellement quinze ou vingt ans de moins.

Montesquieu était, en outre, le précurseur, le grand pontife de l'école libérale moderne qu'il avait pressentie et amenée par son éloge si connu de la constitution anglaise. Nul, plus que Montesquieu, n'était donc à même d'inspirer confiance. J'ouvris donc l'*Esprit des Lois* et j'y lus que la nature de la monarchie, c'est-à-dire ce qui la constitue, est de renfermer des pouvoirs intermédiaires entre le peuple et le souverain et un corps de magistrature chargé du dépôt ainsi que de la garde des lois; que le principe de la monarchie, c'est-à-dire ce qui la soutient et la fait agir est l'honneur: que la suite de degrés intermédiaires qu'on voit dans le gouvernement monarchique lui donne une grande stabilité en empêchant que les affaires ne soient brusquées et que la passion ne décide; que la monarchie possède une remarquable perfection et régularité de rouages. Montesquieu, le père de l'école libérale, ne regardait donc pas comme un monstre le régime qui, depuis plusieurs siècles, se résumait en grande partie dans la monarchie et pivotait autour d'elle. Montesquieu s'accordait donc avec l'histoire qui assignait à la période appelée l'ancien régime infiniment plus de prospérités que de revers.

Mais ce monstre d'ancien régime, qui n'est pas un monstre, yeut-on le faire revivre? Est-il la royauté du Prince? Est-il pour lui l'idéal du gouvernement actuel? Lors même que l'ancien régime aurait porté de bons fruits en son temps, il ne s'ensuivrait en aucune façon qu'il dût être restauré, un retour vers le passé ayant toujours été aussi absurde qu'inconnu de la maison de France. Ni Philippe-Auguste ne fut saint Louis, ni Charles V Louis XII, ni Henri IV Louis XIV, ni Louis XIV Louis XVIII. La seule chose qui demeure immuable chez ces princes est leur habileté continue, leur art

suprême de se plier aux circonstances et de se transformer
avec elles. L'idée de les immobiliser dans une espèce d'in-
sensibilité et d'ignorance extraordinaire est aussi contraire
à l'histoire qu'à la gloire dont ils l'ont remplie. Voyons dans
les lettres, dans les déclarations de Monsieur le comte de Chambord s'il entend suivre l'exemple de ses ancêtres et être aussi
moderne qu'eux tous, autant qu'eux tous l'homme des aspi-
rations et des besoins de son époque. Or la lecture des lettres et déclarations du Prince ne laisse planer aucune espèce
de doute à cet égard. Partout, en effet, le Prince se montre
le souverain des temps actuels, le souverain éclairé du dix-
neuvième siècle, déclarant qu'il ne sera pas le roi d'un parti,
qu'il accordera toutes les libertés civiles, politiques et religieuses, qu'il accepte toutes nos transformations jusqu'au
suffrage universel, honnêtement pratiqué, qu'il nous dotera
même d'une décentralisation dont le soi-disant libéralisme
n'a pas encore osé nous enrichir. De deux choses l'une : ou
le Prince est accusé de n'avoir pas conformé sa parole à sa
pensée, mais, alors, comment connaître sa pensée, comment
l'incriminer? est-ce sur des calommies puériles? ou sa
loyauté inébranlable le mettant au-dessus des soupçons de
ses ennemis même les plus acharnés, comme cela est en réalité, il faut ajouter une foi complète à ses paroles. Et, dans
ce cas, il n'est pas plus le roi de l'ancien régime que l'ancien
régime n'est le fantôme décrit après coup. Et l'on parle de
logique révolutionnaire, d'école historique révolutionnaire !!
A juger des autres appréciations par celle-là, elle n'est pas
heureuse! J'aimerais autant entendre dire : Monsieur le comte
de Chambord est le roi de l'ancien régime, parce qu'il est le
roi de toutes les libertés et de tous les droits, conquêtes du
temps et du nouveau régime.

Le drapeau blanc est le drapeau de l'ancien régime.

Voilà comment je comprends la réponse à cette objection.

La fusion des princes vous a rendus partisans de l'hérédité sur le trône, messieurs les royalistes libéraux de toutes nuances. Vous voulez désormais que la monarchie française soit régie par le même principe que ses cadettes d'Autriche, d'Angleterre, de Prusse, de Russie, c'est-à-dire que les quatre grandes puissances européennes.

Votre premier désir patriotique suffit, je crois, pour vous en inspirer de nouveaux et permettre d'essayer de vous convaincre.

Car si vous voulez l'hérédité sur le trône, vous ne pouvez manquer d'y vouloir aussi les couleurs de l'hérédité.

Or, quelles sont en France ces couleurs, quel est le drapeau de l'hérédité ? Voyons, contentons-nous de feuilleter les annales des temps les plus voisins. Qu'y découvrons-nous de 1789 à nos jours ? deux règnes d'hérédité, celui de Louis XVIII, celui de Charles X. Quel drapeau arborèrent ces règnes ? le drapeau blanc. Le drapeau blanc est donc le drapeau de l'hérédité sur le trône.

Au contraire, quel est dans cette même période, c'est-à-dire de la dernière convocation des etats généraux jusqu'à nos jours, le drapeau du manque d'hérédité sur le trône ? Les deux empires, les trois républiques, la royauté élective réclamaient peu, je crois, l'avantage de représenter l'hérédité. Ces trois régimes avaient le drapeau tricolore. Le drapeau tricolore est donc le drapeau du manque d'hérédité sur le trône.

Qu'on s'étonne, après cela, que le comte de Chambord, le représentant de l'hérédité sur le trône, et si noblement jaloux de la préservation des droits de ce trône, refuse de

les laisser entamer par l'abandon du drapeau en ayant jusqu'ici été l'emblème.

Quant à vous, royalistes, si vous étiez partisans de l'appel
au peuple, ou d'un mode quelconque de fantaisie sur le
trône, en d'autres termes, si vous n'étiez pas royalistes, je
comprendrais votre amour du drapeau tricolore.

Mais comme vous êtes les champions de l'hérédité sur le
trône, j'avoue ne plus rien comprendre.

On dit encore : le drapeau blanc est le drapeau del'ancien régime, de la violation des libertés, de Charles X !...
Vous voyez que je ne m'épouvante d'aucun grand mot. —
Le drapeau blanc, répondrai-je, est aussi celui de Louis XVIII
qui ne fut, je pense, ni le roi de l'ancien régime, ni le vio-
lateur de la Charte. Pourquoi, entre deux termes, l'un hai-
neux envers la mémoire des Bourbons, et beaucoup plus
conforme, d'ailleurs, au pamphlet qu'à la vérité, adopter le
premier et rejeter le second?... Pour les mots aussi fati-
diques qu'incompris d'ancien régime, ils ont ici la même valeur que je leur découvrais il y a un instant. Je croyais béné-
volement que l'ancien régime avait pris fin en 1789, et, partant, que de 1814 à 1830, nous étions dans le nouveau régime. J'ignorais sans doute la chronologie.

Et maintenant, pour pousser avec tout le respect convenable mes adversaires jusque dans leurs derniers arguments,
je répondrai ainsi à cette phrase que j'ai entendue si souvent:
le drapeau tricolore est devenu le drapeau de l'ordre.
D'abord, respectables antagonistes, vous me permettrez
d'observer que peut-être ici vous déplacez la question. Qui
dit ordre ne veut pas dire toujours hérédité et, avant de
lancer le mot ordre, il faudrait s'entendre sur sa signifi-
cation. Ensuite le drapeau tricolore est celui de l'ordre, si

vous voulez, mais de l'ordre purement matériel, de l'ordre dans le désordre, de la république conservatrice ou de la fantaisie sur le trône, comme le drapeau rouge est celui du désordre dans le désordre, d'une forme quelconque d'anarchie furibonde, commune ou insurrection de juin.

Inutile de comparer la gloire des deux drapeaux blanc et tricolore. Il y a entre eux la même différence qu'entre une vieille monarchie nous mettant progressivement à la tête de l'Europe et les gouvernements d'aventure nous faisant descendre chaque jour un nouveau degré. Il me suffit de rechercher ce dont le drapeau blanc est l'emblème et, par la simple constatation des faits, d'expliquer le refus que le Prince oppose à son abandon.

I.—Je ne me suis jamais piqué d'imiter les Chinois qui ne changent pas. Je vous déclare donc sans honte, monsieur, que je suis convaincu. Mais chacun fera-t-il aussi bon marché de son sentiment, et qu'est une conversion dans un pays de je ne sais combien de millions d'électeurs !.....

II. — C'est aussi mon avis, monsieur, et c'est pourquoi, humainement, je persisterais à craindre que malgré toutes les raisons qui militent en faveur du rétablissement de la monarchie et que mon insuffisance a si mal exposées, l'expérience seule de nouveaux malheurs ne nous ramenât au droit et à l'histoire, si un pressentiment que je ne puis expliquer ne m'avertissait d'espérer en la protection visible de Dieu sur notre pays pour sa résurrection prochaine

CHATILLON-SUR-SEINE. — IMPRIMERIE E. CORNILLAC